ASSOCIATION ALSACIENNE

DES PROPRIÉTAIRES D'APPAREILS A VAPEUR.

LES CHAUDIÈRES A VAPEUR

A L'EXPOSITION UNIVERSELLE DE 1867

PAR

M. CHARLES MEUNIER,

INGÉNIEUR CIVIL DES MINES, MEMBRE DE LA SOCIÉTÉ INDUSTRIELLE DE MULHOUSE.

PREMIÈRE PARTIE.

(Extrait du Bulletin de la Société industrielle de Mulhouse.)

MULHOUSE

IMPRIMERIE DE L. L. BADER.

1867.

PREMIÈRE PARTIE.

Chaudières en marche pour le service du palais.

Le service mécanique de la galerie des machines a été organisé de la manière suivante : on a divisé la galerie en 15 lots correspondant aux besoins des diverses nations ou des diverses classes d'une même nation, savoir :

France. . . . . . huit lots pour une force totale de 305 chevaux.
Belgique . . . . un 40   »
Confédération du Nord de l'Allemagne un 35   »
Etats du Sud de l'Allemagne. . . . un 15   »
Autriche. . . . . un 20   »
Suisse. 17   »
Etats-Unis 50   »
Angleterre 100   »

                       Force totale . . . 582 chevaux.

La force motrice dans chaque section a été autant que possible demandée à un constructeur appartenant au pays qui devait l'employer. La France, la Belgique, la Confédération du Nord de l'Allemagne et l'Angleterre ont adopté ce principe et ont confié leur service à leurs nationaux. Pour les Etats du Sud de l'Allemagne, l'Autriche, la Suisse et les Etats-Unis d'Amérique, la force motrice est fournie par des constructeurs français.

Les bâtiments destinés aux générateurs ont été placés dans le

Parc, à une distance d'environ 30 mètres du Palais. On a autorisé la réunion de plusieurs chaudières dans un même bâtiment, de telle sorte que les 15 lots n'ont nécessité que la construction de 9 cheminées.

En outre, plusieurs lots ont pu être groupés entre les mains d'un même constructeur, de sorte que le nombre des exposants entrepreneurs de force motrice a été en définitive réduit à 12. (Catalogue général, groupe VI, pages 39, 40.)

Nous passerons successivement en revue les divers générateurs qui fonctionnent, puis ceux qui sont exposés dans la galerie des machines et dans les annexes; enfin nous terminerons en donnant la description de différents appareils concernant les générateurs à vapeur. (Fumivores, appareils d'alimentation, de sûreté, etc.)

Nous diviserons les chaudières en deux classes :

1º Générateurs à foyer extérieur.

2º Générateurs à foyer intérieur.

La première classe est la moins nombreuse, car elle ne compte, à proprement parler, que deux types d'exposés : la chaudière *dite à foyer fumivore, système Tenbrinck et Bonnet, de l'usine de Graffenstaden,* et la chaudière *tubulaire mixte à bouilleurs, système Lecherf.*

Nous ne citerons que pour mémoire une chaudière sans bouilleurs, chauffée directement et munie d'un tube réchauffeur latéral : cette disposition a été autrefois adoptée par MM. Farcot. A cette chaudière, construite par M. Quillacq d'Anzin, est appliqué l'appareil fumivore de M. Thierry, qui consiste, comme on sait, en une injection de vapeur à la partie supérieure de la flamme, au-dessus de la grille.

Notons encore une chaudière à deux bouilleurs construite pour l'alimentation de la machine exposée par M. Boyer, de Lille. L'appareil fumivore de M. Palazot est adapté à cette chaudière; nous en parlerons plus loin.

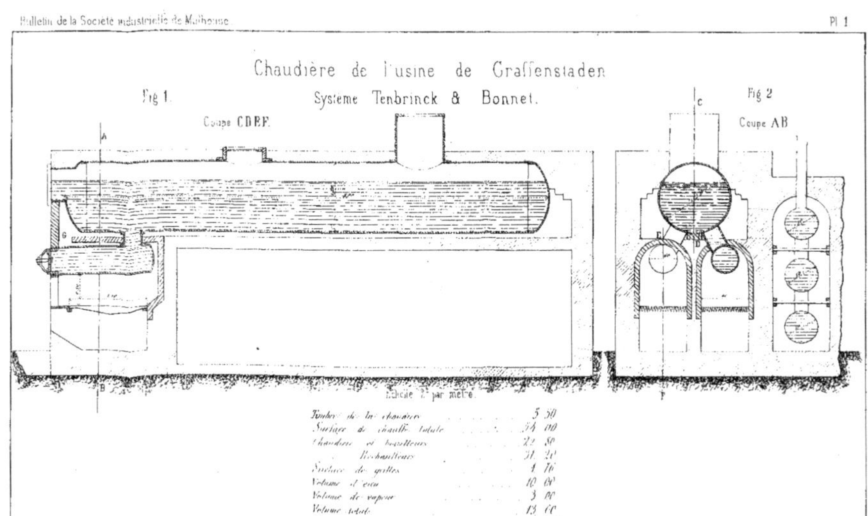

Chaudière de l'usine de Graffenstaden
Système Tenbrinck & Bonnet.
Fig 1.
Fig 2
Coupe CDEF.
Coupe AB
Échelle 2 par mètre.
Tonbes de la chaudière   5 50
Surface de chauffe totale   54 00
Chaudière et bouilleurs   22 80
Réchauffeurs   31 20
Surface de grilles   1 70
Volume d'eau   10 00
Volume de vapeur   3 00
Volume total   13 00
Diamètre des soupapes   0 085

Générateurs à foyer extérieur.

Chaudière de l'usine de Graffenstaden, système Tenbrinck et Bonnet. Pl. 1. Fig. 1. 2.

La chaudière exposée par l'usine de Graffenstaden se compose d'un corps cylindrique de 8 mètres de longueur, de 1^m,20 de diamètre, auquel se relient deux bouilleurs de 0^m,60 de diamètre et de 2 mètres de longueur. Des tubes réchauffeurs, au nombre de trois, de 0^m,50 de diamètre et de 20 mètres de longueur totale, complètent le système.

Les bouilleurs se trouvent placés l'un et l'autre dans l'axe d'une voûte cylindrique horizontale en briques réfractaires. Les bouilleurs sont très-près du sommet de la voûte, à 10 centimètres environ, et ils sont fortement inclinés sur l'avant de la chaudière pour faciliter le dégagement de la vapeur à mesure qu'elle se forme.

La grille se trouve à 0^m,50 en contre-bas des bouilleurs.

La flamme au sortir de la grille va buter contre les parois de maçonnerie réfractaire fortement échauffée qui entourent les bouilleurs, se renverse, passe par les conduits G, dans les carneaux de droite et de gauche de la chaudière, et de là les gaz viennent circuler autour des tubes réchauffeurs pour s'échapper enfin par la cheminée.

La surface de chauffe totale est de 54^{m2},00 et se décompose de la manière suivante :

Chaudière et bouilleurs 22^{m2},80.
Réchauffeurs . . . . 31^{m2},20.
54^{m2},00.

Les grilles ont 0^m,80 de largeur, 1^m,10 de longueur; leur surface totale est de 1^{m2},76.

Les principales dimensions du générateur sont donc telles que l'on ait les rapports suivants :

Surface de chauffe totale. . . . . 54^{m2},00

Surface de chauffe directe exposée au feu . . . . . . 7^{m2},53

Rapport de la surface de chauffe totale à la surface directe. 7,17

Capacité totale. 31m³,00
Volume occupé par l'eau. 10m³,00
Volume occupé par la vapeur. 3m³,00
Surface totale de la grille 1m²,76
Rapport de la surface de chauffe totale à la surface de
    la grille 30,68
Surface de chauffe par mètre cube d'eau de la chau-
    dière. 5m²,40

On voit qu'il y a la plus grande analogie entre ce générateur et les chaudières que l'on monte aujourd'hui en Alsace, dans le département du Haut-Rhin; la seule différence à signaler est la disposition particulière des bouilleurs et de la maçonnerie qui les entoure.

La principale préoccupation des inventeurs a été la fumivorité. C'est là la raison dominante qui leur a fait adopter ces deux foyers, alors que la surface totale des grilles n'est que de 1m²,76, dimension très-convenable pour un seul foyer.

Grâce à cette disposition, le chauffeur charge alternativement l'une et l'autre grille, de sorte que la quantité de combustible frais, chargé à un moment donné, est moins considérable; par suite la fumée qui accompagne la charge est moins abondante.

De plus, la grande distance qui sépare la grille des bouilleurs, excellente disposition empruntée aux générateurs de notre pays, fait que la combustion doit être très-avancée, sinon complète quand les gaz viennent lécher les bouilleurs.

Les portes des foyers sont larges, à une hauteur du sol de 75 centimètres environ; ce qui permet une surveillance facile et un bon entretien des feux.

On doit brûler 1000 à 1200 kilgr. de charbon par 12 heures dans de bonnes conditions avec ce générateur.

En résumé, ce système présente une grande analogie avec le type aujourd'hui consacré en Alsace; quant aux modifications introduites par les inventeurs, nous ne les croyons justifiées que si le foyer est fumivore; reste maintenant la question économique.

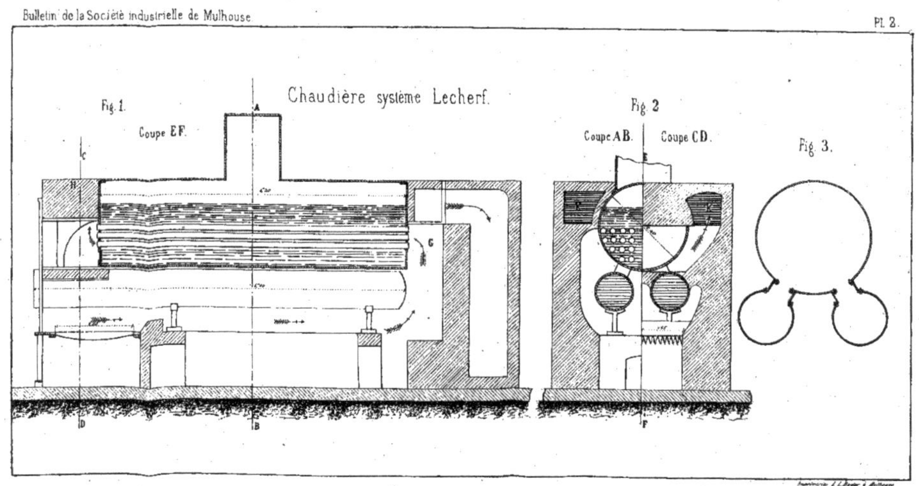
Fig. 1.
Coupe EF.
Chaudière système Lecherf.
Fig. 2
Coupe AB.
Coupe CD.
Fig. 3.

Générateur tubulaire mixte à bouilleurs, système Lecherf.
MM. Jules Lecherf et Cie à Fives-Lille (Nord). Pl. 2. Fig. 1.2.3.

La chaudière du sytème Lecherf consiste en un corps cylindrique de 1^m,40 de diamètre, de 4^m,20 de longueur, traversé par 34 tubes en cuivre laminé de 0^m,10 de diamètre.

Deux bouilleurs de 5^m,00 de longueur, de 0^m,70 de diamètre sont reliés à la chaudière et complètent le générateur.

La réunion des bouilleurs à la chaudière est faite d'une manière particulière.

La culotte est très-courte, elliptique, et la tôle qui la forme se recourbe à la partie supérieure pour emprunter le contour de la chaudière : quatorze boulons achèvent l'assemblage, comme l'indique le croquis Pl. 2. Fig. 3.

Les parties inférieures de la chaudière et les bouilleurs sont ainsi exposés au parcours direct de la flamme.

Au sortir du foyer, la flamme entoure les bouilleurs, lèche le dessous de la chaudière et se rend dans une chambre G à l'extrémité du générateur. Les gaz passent ensuite à travers les tubes de cuivre qui traversent la chaudière et se déversent dans la chambre H; de là ils sont conduits à la cheminée par deux carneaux K indiqués sur la coupe CD. On voit de suite que l'on n'a pas utilisé convenablement la quantité notable de calorique que contiennent encore les produits gazeux de la combustion. Les gaz arrivent à la chambre H, à une température moyenne de 350°; de là, ils se rendent directement à la cheminée par les carneaux K. Dans ce dernier parcours les gaz ne sont pas en contact direct avec la chaudière; une paroi de maçonnerie entoure la chaudière A et forme précisément l'un des côtés des carneaux K. La transmission du calorique à travers cette maçonnerie doit être très-faible, sinon nulle, et en tout cas il nous paraît très-contestable que par cette disposition la vapeur se sèche sans se surchauffer, comme l'espère le constructeur.

Il eût été bien préférable selon nous de conduire les gaz dans un carneau unique à leur sortie de la chambre *H* et d'y placer un tube réchauffeur.

Quand on considère le générateur Lecherf, on remarque de suite que, contrairement aux combinaisons adoptées par tous les autres constructeurs, l'inventeur a cru devoir adopter un foyer extérieur de telle sorte que la flamme lèche d'abord l'enveloppe extérieure de la chaudière, et que le retour de flamme seul agit sur le faisceau tubulaire. Le constructeur a basé son système sur ce fait qu'au-dessous de 100°, une grande partie des sels terreux contenus dans les eaux impures se précipite après l'expulsion d'une partie de l'acide carbonique.

L'inventeur a donc voulu provoquer la formation des dépôts contre la chaudière et surtout dans les bouilleurs pour n'envoyer à la chaudière que de l'eau relativement pure; c'est là une des raisons qui ont fait adopter les bouilleurs d'un grand diamètre, 0m,70.

Sans doute les dépôts peuvent être retirés plus facilement des bouilleurs que des autres parties de la chaudière, mais cette accumulation des impuretés des eaux dans les bouilleurs nous paraît défectueuse; nous n'y voyons pas même un palliatif, car elle se résume en ceci : danger permanent de brûler les bouilleurs (*).

De plus, l'addition d'un tube réchauffeur à la chaudière du système de M. Lecherf serait d'un bon effet, car une grande partie des impuretés des eaux s'y déposerait et cela sans danger.

Le constructeur a cherché à éviter les inconvénients des chaudières tubulaires en facilitant autant que possible le nettoyage intérieur de la chaudière et des tubes; grâce à l'intervalle qui règne tout le long du faisceau tubulaire en son milieu, un homme peut y pénétrer.

(*) Il y aurait sans doute intérêt à placer sur les bouilleurs des purgeurs ou tout autre système permettant le nettoyage au fur et à mesure que les dépôts s'accumulent au fond des bouilleurs.

Le générateur Lecherf, dont nous avons donné la description, a 75^{m2} de surface de chauffe, savoir :

Bouilleurs 21,98
Chaudière. 9,02
Tubes 44,00
       Total. 75,00

D'après le constructeur, en marche normale, cette chaudière doit évaporer par heure 1,200 litres d'eau environ ; il est certain que dans ce cas les feux doivent être poussés avec une certaine vivacité.

Les principales dimensions du générateur sont donc les suivantes :

Surface de chauffe totale. . . . . 75^{m2},00
Surface de chauffe directe . . . . 8^{m2},00
Rapport de la surface de chauffe totale à la surface directe. 9,37
Capacité totale . . . . 9^{m3},200
Volume occupé par l'eau . . . . 7^{m3},200
Volume occupé par la vapeur . . . . 2^{m3},000
Surface totale de la grille. . . . . 2^{m2},08
Rapport de la surface de chauffe totale à la surface de la grille. 36,05
Surface de chauffe par mètre cube d'eau de la chaudière. 10^{m2},41

Nous allons indiquer les prix de divers générateurs du système Lecherf, suivant leur surface de chauffe. Dans ces prix sont compris seulement le générateur avec soupapes, en gare à Lille.

Nous supposons que tous les générateurs soient timbrés à 5 $^1/_2$ atmosphères.

Force en chevaux.

24	30^{mc} de surface de chauffe.		2,850
32	40	id.	3,600
40	50	id.	4,350
48	60	id.	5,220
56	70	id.	5,950
64	80	id.	6,800
70	90	id.	7,600
76	100	id.	8,500

Le prix du générateur système Lecherf, de 75^{m2}, dont nous avons donné la description, serait donc de 6,375 fr. générateur seul et soupapes, en gare à Lille.

Générateurs à foyer intérieur.

Chaudière à vapeur à foyer intérieur de MM. Powell, de Rouen. Pl. 3. Fig. 1. 2.

Le générateur exposé par MM. Powell est la chaudière dite de Cornouailles.

Le système consiste, comme on sait, en un corps cylindrique de grand diamètre traversé de part en part par deux foyers cylindriques.

La chaudière a 8^m,00 de longueur, 2^m,00 de diamètre; les foyers 8^m,00 de longueur, 0,75 de diamètre. Dans chaque foyer se trouve un tube bouilleur de 6^m,00 de longueur, de 0,40 de diamètre, relié par une tubulure à la partie inférieure de la chaudière et communiquant à son extrémité postérieure avec la partie supérieure de la chaudière par un tube en cuivre, recourbé comme l'indique la figure 1.

Des armatures particulières consolident les larges surfaces planes à l'avant et à l'arrière de la chaudière; elles sont naturellement rendues solidaires par les deux foyers; de plus, des étriers *K*, ayant la forme des fers à cornières, sont rivés aux plaques d'avant et d'arrière, à l'enveloppe extérieure et aux foyers. Il y a sept armatures de ce genre de chaque côté. Enfin deux grands tirants *L*, *M*, réunissent les fonds de la chaudière.

Extérieurement des bagues *N*, *N*, de 25 centimètres de largeur, à double rivure en quinconce, servent de couvre-joint et d'armature aux feuilles de tôle qui forment le corps extérieur de la chaudière. Des bagues analogues règnent de distance en distance le long des bouilleurs.

La surface totale des grilles est de 2^{m2},19. La porte du foyer se trouve à une distance assez grande du sol, 90 centimètres environ;

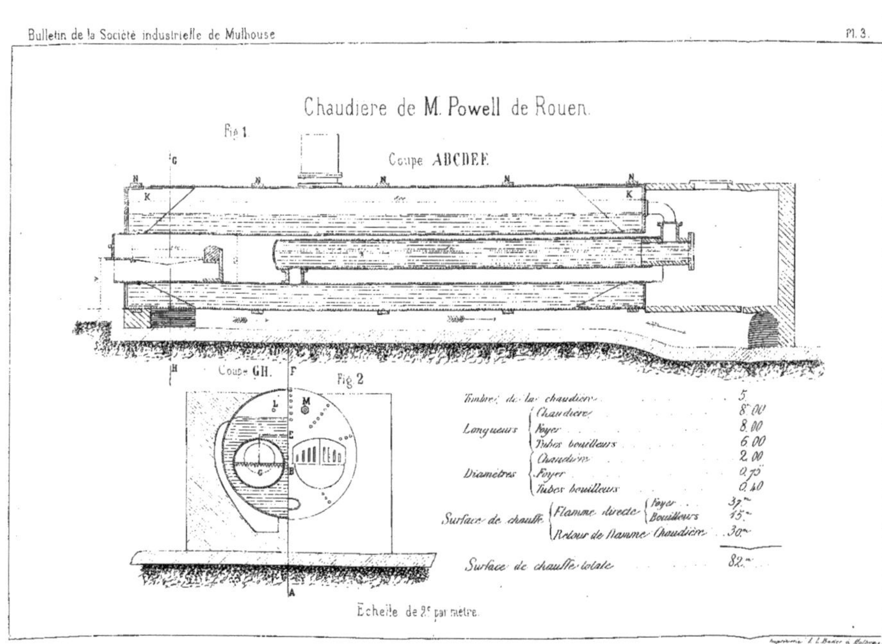
Chaudiere de M. Powell de Rouen.
Fig 1.
Coupe ABCDEF
Coupe GH.
Fig 2.
Timbre de la chaudiere 5
Longueurs
Chaudiere . . . 8.00
Foyer . . . 8.00
Tubes bouilleurs . . . 6.00
Chaudiere . . . 2.00
Diametres
Foyer . . . 0.75
Tubes bouilleurs . . . 0.40
Surface de chauffe
Flamme directe
Foyer . . . 37
Bouilleurs . . . 15
Retour de flamme Chaudiere . . . 30
Surface de chauffe totale . . . 82
Echelle de 2 par metre.

les portes des foyers sont assez étroites et il nous paraît difficile de répartir convenablement le charbon sur la grille.

De plus, les portes sont entièrement percées d'ouvertures, toujours ouvertes, sans obturateur, qui livrent passage à une quantité d'air considérable. Il se forme ainsi une lame d'air à la partie supérieure de la flamme qui permet sans doute la combustion d'une partie de la fumée, mais il est certain que la consommation du combustible doit s'en ressentir.

Les gaz, au sortir de la grille, franchissent l'autel, puis se trouvent dans un espace vide du foyer qui forme chambre de combustion; ils lèchent ensuite les bouilleurs, circulent autour de la chaudière et se rendent à la cheminée.

Le générateur de M. Powell mesure :

Surface de chauffe.
- Flamme directe.
  - Foyers. . . . 37^{m^2}.
  - Bouilleurs . . 15
- Retour de flamme — chaudière. . 30
- Surface de chauffe totale 82

Les divers éléments du générateur se trouvent dans les rapports suivants :

Surface de chauffe totale. . . . . 82^{m^2}.
Surface de chauffe directe exposée au feu. . . . . . $6^{m^2},60$
Rapport de la surface totale à la surface directe. . . $12,42$
Capacité totale . . . . $19^{m^3},500$
Volume occupé par l'eau. . . . . $16^{m^3},500$
Volume occupé par la vapeur . . . . $3^{m^3},000$
Surface totale de la grille. . . . . $2^{m^2},10$
Rapport de la surface de chauffe totale à la surface de la grille. . . . . $39,04$
Surface de chauffe par mètre cube d'eau de la chaudière. $4,^{m^2}96$

Il est à remarquer que dans ce générateur la circulation de l'eau doit être difficile ; il suffit, pour s'en convaincre, d'examiner le genre de communications établies entre les bouilleurs et la chaudière.

Suivant le constructeur la consommation de 120 à 130 kil. de charbon par heure serait la plus avantageuse, soient 1,440 à 1,560 kil. par journée de 12 heures.

Le prix de cette chaudière avec tous les accessoires tels que : indicateur de niveau Lethuillier-Pinel, manomètre Bourdon, etc..., est de 14,400 fr.

Générateur tubulaire, à foyer en tôle d'acier fondu, système de MM. Meunier et Cie, construct. à Fives-Lille (Nord). Pl. 4. Fig. 1. 2.

Le système de chaudière de MM. Meunier et Cie rappelle la forme, l'agencement des chaudières des machines locomotives. Le générateur comprend deux parties dictinctes : la boîte à feu, et la chaudière proprement dite.

La boîte à feu est un cylindre de 2^m,25 de longueur, de section elliptique, dont les diamètres sont de 1^m,40 et de 1,00. Elle comprend, la grille dont la longueur est de 1^m,50, la largeur de 1,00, soit 1^{m2},50 de superficie; la surface libre de la grille est 0^{m2},47.

Le foyer est en tôle d'acier; le ciel est consolidé et relié à l'enveloppe extérieure de la chaudière par quatre tirants qui prennent leurs points d'attache d'une part, entre deux cornières rivées à l'enveloppe extérieure de la chaudière, de l'autre, entre des pièces en fer forgé, analogues aux armatures de la boîte à feu des machines locomotives. Toute la liaison du foyer et de l'enveloppe extérieure porte donc sur les quatre tirants, qui agissent par compression.

Les plaques d'avant et d'arrière de la chaudière sont consolidées par des armatures G ayant la forme de fers à T, de fers à cornières, qui en augmentent la raideur.

Dans le dessus du foyer, à 40 centimètres environ de la face antérieure de la chaudière, se trouve un bouchon de sûreté. C'est un boulon en bronze dont la queue évidée a été remplie de plomb coulé. La queue du boulon porte un pas de vis qui vient s'adapter au ciel du foyer.

Si le chauffeur, par inadvertance, laissait tomber le niveau de

Chaudière tubulaire
système de MM. Meunier & Cie.
Coupe longitudinale suivant AB.
Fig 1 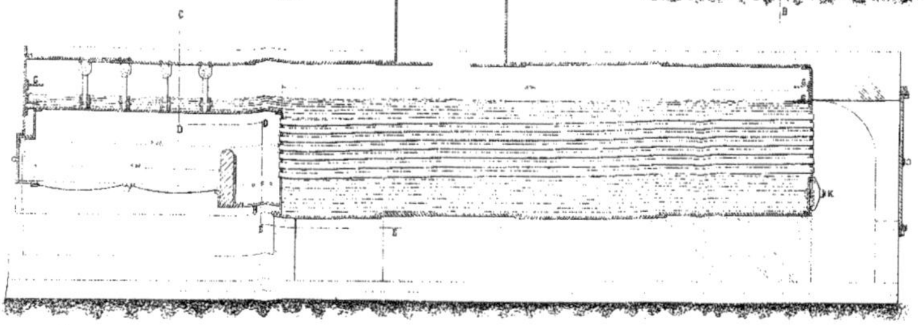
Coupe transversale suivant CDE.
Fig. 2.
Echelle de 0m02 par mètre

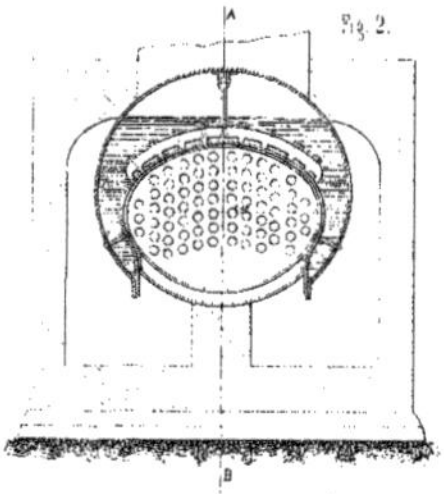

l'eau à tel point que le ciel du foyer fût mis à découvert, aussitôt le plomb fondrait et la vapeur se déverserait dans le foyer par l'ouverture du boulon.

A l'extrémité de la grille se trouve l'autel assez élevé pour protéger la plaque tubulaire et les tubes du contact direct de la flamme. La chambre de combustion sépare l'autel de la plaque tubulaire ; elle assure le mélange et la combustion complète des gaz avant qu'ils ne pénètrent dans le faisceau tubulaire ; ici, elle ne mesure guère plus de 0m,50 de longueur, mais MM. Meunier et Cie se proposent de donner des dimensions plus considérables à cette partie du générateur.

En *H* se trouve une coulisse qui permet d'enlever les cendres et les particules solides entraînées par le courant gazeux, qui se déposent en grande partie dans la chambre de combustion.

La chaudière proprement dite a 5m,00 de longueur ; son diamètre extérieur est de 1m,65. Elle est traversée par 74 tubes de 0,07 de diamètre extérieur ; ces tubes sont en fer forgé. Ils sont inclinés sur l'avant de la chaudière, de telle sorte qu'un homme peut s'introduire sous le faisceau tubulaire et nettoyer la chaudière et les tubes.

Deux trous d'homme sont disposés à cet effet, l'un dans la boîte à fumée à la partie postérieure et inférieure du générateur, l'autre dans le dôme de vapeur.

Les gaz, au sortir de la grille, franchissent l'autel, achèvent de se brûler dans la chambre de combustion ; ils traversent alors les tubes et circulent autour de la chaudière pour se rendre à la cheminée.

Dans les carneaux de la chaudière installée au Champ-de-Mars, le constructeur a placé de chaque côté six tubes en fer forgé de 120m/m, de six mètres de longueur, affectant la forme d'un serpentin et jouant le rôle d'appareils réchauffeur et surchauffeur.

La température des gaz à la sortie du dernier carneau est en moyenne de 250° d'après plusieurs expériences.

La surface de chauffe du générateur est la suivante :

Foyer . . . . :	5^{m2}, 00
Tubes	81 40
Retour de flamme	12 50
Surface de chauffe totale.	98^{m2}, 90

Ce générateur brûlerait utilement, suivant le constructeur, 15 à 1600 kilogr. de houille par journée de 12 heures.

Les dimensions principales du générateur sont dans le rapport suivant :

Surface de chauffe totale.	98^{m2}, 90
Surface de chauffe directe exposée au feu.	5^{mac},00
Rapport de la surface de chauffe totale à la surface directe.	19 78
Capacité totale	8^{m3c},500
Volume occupé par l'eau	6^{m3c},200
Volume occupé par la vapeur	2^{m3c},300
Surface totale de grille	1^{mac},58
Rapport de la surface totale de chauffe à la surface de grille.	62 59
Surface de chauffe par mètre cube d'eau de la chaudière	15^{mac},95

Les générateurs de MM. Meunier et Cie sont vendus, prêts à fonctionner, c'est-à-dire munis de soupapes de sûreté, sifflets d'alarme, etc., en gare à Lille, aux conditions suivantes :

Surface de chauffe.	Force en chevaux.	Prix.
52^{mc}	40	6,260 fr.
65	50	7,560
78	60	8,640
91	70	9,720
104	80	10,580
130	100	12,300

Chaudière de MM. Thomas & Laurens.

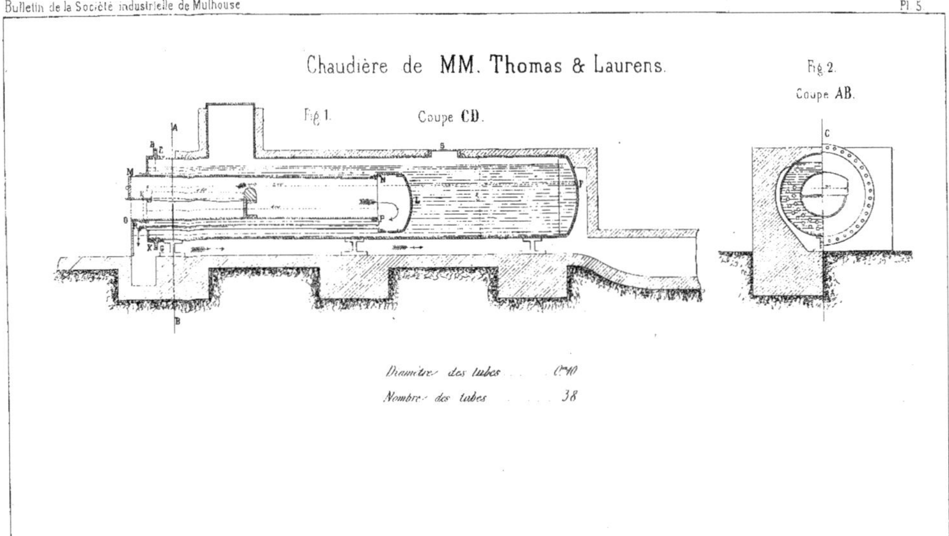

*Chaudière tubulaire à foyer amovible, de MM. Thomas et
Laurens à Paris. Pl. 5. Fig. 1. 2.*

MM. Thomas et Laurens ont exposé une chaudière dont la disposition bien connue remonte à plusieurs années ; nous en donne-
rons cependant la description.

Elle se compose d'un corps cylindrique ordinaire *EFG* de 1^m,30
de diamètre, de 7 mètres de longueur, dans lequel viennent se
placer le foyer, la chambre à fumée et le système tubulaire. L'appareil amovible a la forme d'un tronc de cône *MNOP ;* il contient
le foyer, la grille, la chambre de combustion terminée par une
sorte de boîte à fumée *NPL*, dont la face *NP* sert de plaque tubulaire. Les tubes sont fixés d'une part à la plaque *NP*, de l'autre
à la plaque *K*, à laquelle est rivé le foyer, et qui sert de fond à la
chaudière.

L'assemblage des pièces *HKL* avec le corps de la chaudière se
fait par une bride *HE, HG*, représentée sur la figure 5. La réunion
des brides se fait au moyen de boulons, et dans l'interstice des
brides on fait un joint soit au plomb, soit au mastic Serbat, ou au
minium avec de la filasse. C'est là l'un des points faibles de ce système, car on ne peut jamais compter sur un semblable joint dans
de pareilles conditions.

Suivant le cas MM. Thomas et Laurens placent un ou deux
foyers dans la chaudière. Le générateur exposé n'en comprend
qu'un seul. La flamme avant de se rendre à la boîte à fumée, trouve
une chambre de combustion largement ménagée, puis elle se renverse, passe par les tubes, revient à la chambre *R* et de là lèche
l'extérieur de la chaudière avant de se rendre à la cheminée.

Pour retirer le foyer et le système tubulaire de la chaudière, on
enlève les boulons qui réunissent les brides. Une poulie est installée
dans le trou d'homme *S ;* la corde qui s'enroule sur cette poulie,
est attachée à un crochet placé au-dessus de la plaque *N*. Un autre
crochet se trouve en *M ;* on y assujettit une corde qui passe sur
une poulie placée à poste fixe dans le bâtiment des chaudières.

Pour éviter le frottement du foyer contre l'enveloppe de la chaudière, la partie amovible repose sur une sorte de treillis formé de quatre ou cinq barres de fer parallèles, reliées entre elles par des entretoises et placées dans le sens de la longueur de la chaudière. Elles empêchent ainsi tout contact de la partie amovible et de l'enveloppe du générateur.

Le générateur exposé au Champ-de-Mars compte 38 tubes de 0,10 de diamètre, de 4 mètres de longueur.

La grille est très-étroite et très-longue et dans des conditions telles que l'entretien du feu doit laisser beaucoup à désirer.

Chaudières tubulaires à foyers intérieurs amovibles de M. Chevalier, de Lyon. Pl. 6, Fig. 1, 2, 3, 4.

M. Chevalier expose deux chaudières que nous allons décrire.

La première, la chaudière *A*, se compose de deux parties distinctes.

1º La chaudière proprement dite ou enveloppe.

2º Le foyer intérieur avec le faisceau tubulaire.

La chaudière proprement dite est un cylindre de 1m,40 de diamètre, de 5 mètres de longueur.

Un cylindre de 0m,80 de diamètre, de 5 mètres de longueur également, est réuni à la chaudière, au-dessus de laquelle il est placé; les tubulures de jonction ont 0m,50 de diamètre. Ce corps cylindrique forme réservoir de vapeur.

Le foyer a une forme cylindrique; il traverse de part en part la chaudière. Il a 0m,70 de diamètre; en son milieu le foyer est barré par une cloison de briques.

Chaque foyer contient une grille de 0m,70 de largeur, de 1m,10 de longueur, soit de 0m,77 de superficie. Des tubes de cuivre, de 12 centimètres de diamètre, recourbés, viennent s'asseoir d'une part sur le ciel du foyer, de l'autre ils sont fixés à la plaque tubulaire qui forme le fond de la chaudière.

L'espace où les tubes viennent aboutir est recouvert d'une sorte de boîte en tôle, comme l'indique la fig. 1.

Chaudières de M. Chevalier, de Lyon.

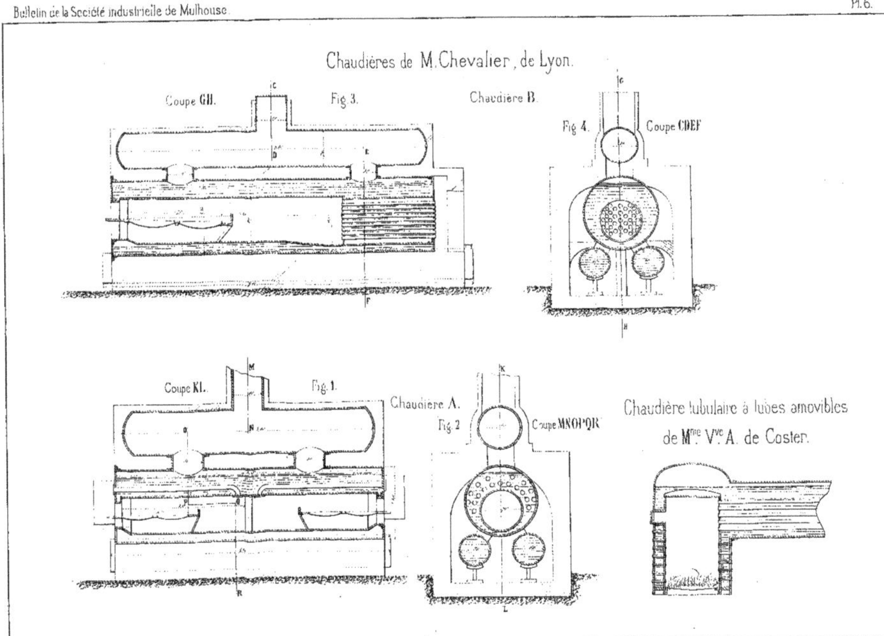

Le constructeur a cru devoir adopter cette forme de tubes pour faciliter la dilatation du faisceau tubulaire et éviter les fuites qui sont la conséquence du travail inégal des diverses parties du générateur. Nous ne partageons pas cette manière de voir et nous préférons la disposition plus simple des tubes dans la chaudière *B*.

Un appareil de nettoyage spécial a été inventé par M. Chevalier pour permettre d'enlever le dépôt de suie qui se fait à l'intérieur des tubes. C'est une brosse fixée à l'extrémité d'une tige articulée de telle sorte que l'écouvillon peut suivre le contour des tubes.

A la suite de la grille se trouve une grande chambre où s'achève la combustion des gaz et où tombent les particules solides, les cendres entraînées par le courant. Une porte *F*, convenablement disposée, facilite leur enlèvement.

Les foyers sont en tôle d'acier fondu ; aucune clouure dans le corps du foyer n'est soumise à l'action rayonnante du feu.

Le foyer est relié à l'enveloppe de la chaudière par deux joints, à l'avant, à l'arrière, faits au minium ou au mastic Serbat.

Il est toujours à craindre que des fuites ne se déclarent avec un pareil assemblage, qui est loin d'offrir toute la sécurité désirable.

Le constructeur a cru devoir placer dans cette chaudière deux foyers séparés, alors que la surface totale des deux grilles n'est que de $1^{m^2},50$.

A la partie inférieure de la chaudière se trouvent placés deux bouilleurs réchauffeurs de $5^m,10$ de longueur et de $0^m,60$ de diamètre.

Au départ des grilles, les flammes circulent séparément, traversent les faisceaux tubulaires, puis elles se réunissent dans les carneaux pour circuler autour de l'enveloppe de la chaudière et des tubes réchauffeurs et se rendre enfin à la cheminée.

La température des gaz au dernier carneau de sortie varie entre 200 et 250°.

2

La surface de chauffe de cette chaudière est de 65^{m2}, savoir :

Flamme directe
- foyers. 9
- tubes 21

Retour de flamme
- chaudière 16
- bouilleurs 19

$$\overline{65}$$

La chaudière doit évaporer 20 kil. d'eau par heure et par mètre carré de surface de chauffe.

Les divers éléments du générateur se trouvent dans les rapports suivants :

Surface de chauffe totale . . . . 65^{m2},00
Surface directe exposée au feu . . . . 4^{m2},80
Rapport de la surface de chauffe totale à la surface directe . . . . 13 , 54
Capacité totale. . . . . 11^{m3},000
Volume occupé par l'eau. . . . . 8^{m3},500
Volume occupé par la vapeur. . . . . 2^{m3},500
Surface totale de la grille. . . . . 1^{m2},54
Rapport de la surface de chauffe totale à la grille. . . 42 , 20
Surface de chauffe par mètre cube d'eau de la chaudière 7^{m2},64

Le prix de ce générateur, muni de tous ses accessoires, est de 8000 francs.

La seconde chaudière *B*, exposée par M. Chevalier, se compose d'une enveloppe cylindrique dans l'intérieur de laquelle se trouvent un foyer et un faisceau tubulaire. A la partie supérieure du générateur se trouve un corps cylindrique relié à la chaudière proprement dite par deux tubulures et formant réservoir de vapeur. A la partie inférieure de la chaudière se trouvent deux bouilleurs réchauffeurs qui complètent le système, de même que dans la première chaudière *A*.

La chaudière *B* a 6 mètres de longueur, 1^{m},35 de diamètre; le foyer a 4^{m},40 de longueur, 0^{m},80 de diamètre. On voit que le constructeur a ménagé une vaste chambre de combustion entre l'autel et la plaque tubulaire.

Le faisceau tubulaire se compose de 25 tubes de cuivre de 1ᵐ,60 de longueur, de 0ᵐ,10 de diamètre.

Deux joints, à l'avant, à l'arrière, réunissent à l'enveloppe extérieure le foyer et le faisceau tubulaire. Ces joints sont faits au mastic et à la filasse. Il y a toujours à craindre que ce mode d'assemblage ne soit insuffisant. Les bouilleurs ont 7 mètres de longueur et 0ᵐ,60 de diamètre.

La grille a 1ᵐ²,35 de superficie; sa longueur est de 1ᵐ,70, sa largeur de 0ᵐ,80.

La porte du foyer est très-bien établie, de même qu'à la chaudière A.

Elle est formée par deux tôles parallèles; c'est une boîte dans l'intérieur de laquelle se trouve toujours de l'eau. Cette disposition a non-seulement pour effet d'assurer à la porte des foyers une longue durée, mais encore elle atténue l'intensité du rayonnement et rend l'abord de la chaudière moins fatigant pour le chauffeur.

La flamme au sortir de la grille se rend dans la chambre de combustion où les gaz achèvent de brûler; les produits gazeux traversent alors le faisceau tubulaire et lèchent l'extérieur de la chaudière, ainsi que les tubes bouilleurs, avant de se rendre à la cheminée.

Le corps du foyer est en tôle d'acier fondu; les différentes autres parties de la chaudière sont soit en tôle de fer ou en tôle d'acier Bessemer.

La surface de chauffe de cette chaudière est de 60 mètres carrés, elle se décompose de la manière suivante :

Flamme directe	foyer.	11ᵐ²,00
	tubes	12, 00
Retour de flamme	chaudière.	12, 00
	bouilleurs.	25, 00
	Surface totale. .	60ᵐ²,00

De même que dans la chaudière A, le réservoir de vapeur et les tuyaux de prise de vapeur sont entièrement recouverts de l'enduit plastique de M. Pimont.

Suivant le constructeur, ce générateur doit évaporer, par heure et par mètre carré de surface de chauffe, 20 kilogrammes d'eau.

Dans le générateur A on aurait même la faculté de porter cette quantité à 25 kilogrammes d'eau.

Les principales dimensions du générateur se trouvent dans les rapports suivants :

Surface de chauffe totale. . . . . 61^{m²},00
Surface directe exposée au feu. . . . . 4^{m²},30
Rapport de la surface totale à la surface directe. . . . 14, 18
Capacité totale. . . . . 11^{m³},000
Volume occupé par l'eau. . . . . 8^{m³},800
Volume occupé par la vapeur. . . . . 2^{m³},200
Surface totale de la grille . . . . 1^{m²},35
Rapport de la surface de chauffe totale à la surface de
la grille 45, 18
Surface de chauffe par mètre cube d'eau de la chaudière 6^{m²},93

Le prix de ce générateur, muni de tous ses accessoires, est également de 8000 francs.

Dans le fond du bâtiment où se trouve la chaudière de M. Boyer, de Lille, est installé un petit générateur qui alimente de vapeur la machine exposée dans la grande galerie du Palais, par Mme Ve de Coster, dont les ateliers de construction sont à Paris, rue Stanislas.

Cette chaudière est du type de toutes les chaudières de machines locomobiles et ne présente aucune particularité remarquable, si ce n'est que les tubes sont amovibles suivant un procédé que nous décrirons dans la seconde partie de ce travail.

Le générateur comprend deux parties distinctes : la boîte à feu

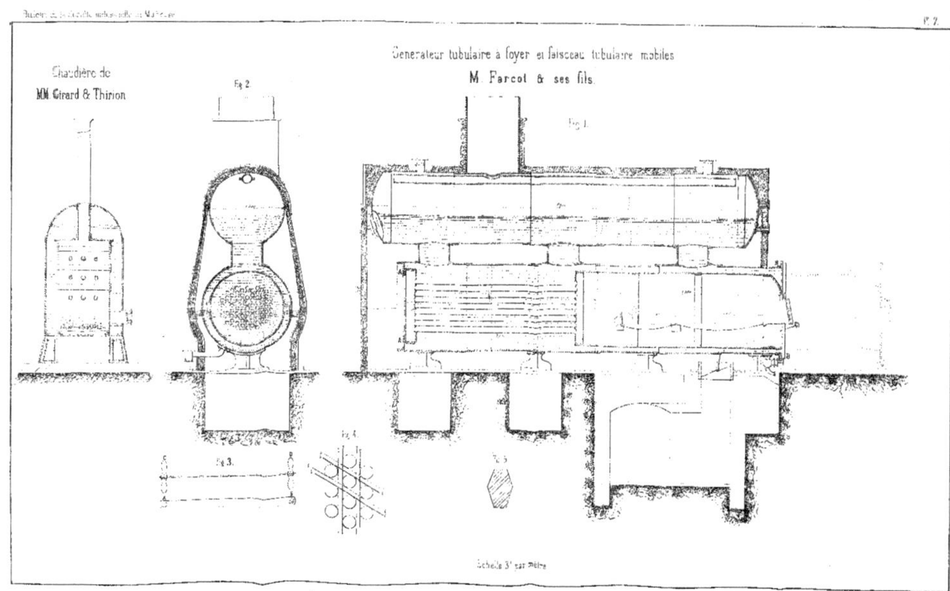
Chaudière de
MM. Girard & Thirion
Fig 2.
Générateur tubulaire à foyer et faisceau tubulaire mobiles
M. Farcot & ses fils.
Fig. 1.
Fig. 3.
Fig. 4.
Fig. 5.
Echelle 3° par mètre.

et le faisceau tubulaire entouré de l'enveloppe extérieure de la chaudière.

Le croquis ci-joint donne une idée de la disposition du générateur.

Générateur tubulaire à foyer et faisceau tubulaire mobile.

Système de MM. Farcot et ses fils, constructeurs à Saint-Ouen, près Paris. (Pl. 7, Fig. 1, 2, 3, 4, 5.)

MM. Farcot et ses fils, constructeurs à Saint-Ouen, près Paris, ont exposé deux générateurs, entièrement semblables, du reste, qui fonctionnent alternativement et alimentent de vapeur les diverses machines en mouvement faisant partie du Groupe vi dans les sections Allemande, Autrichienne et Suisse.

La chaudière Farcot est du système tubulaire. Une ingénieuse disposition permet l'amovibilité du foyer et du faisceau tubulaire pour en rendre le nettoyage facile et complet; le problème de l'amovibilité des foyers intérieurs peut être considéré comme résolu, et cela d'une manière aussi simple que pratique.

Le générateur se compose essentiellement de deux corps cylindriques reliés entre eux par trois culottes de tôle.

Le corps inférieur de la chaudière renferme le foyer, la chambre de combustion, l'ensemble des tubes rendus solidaires par des rivures; les pièces amovibles sont supportées par quatre galets placés à leurs extrémités, comme l'indique la figure 2, et roulant sur deux cornières rivées à l'intérieur de l'enveloppe de la chaudière.

L'assemblage de la partie amovible avec l'enveloppe du générateur se fait au moyen de brides en *A A, B B.*

Ces brides présentent chacune une rainure annulaire, de section triangulaire, dans laquelle s'engage une bague de cuivre ayant une section représentée par le croquis ci-joint (fig. 5); ce sont deux trapèzes opposés base à base. La bague est représentée à peu près grandeur naturelle.

Le joint de l'avant *BB* compte 48 boulons, celui de derrière *AA*, 36.

Le corps supérieur de la chaudière comprend un réservoir d'eau et de vapeur; à la partie supérieure se trouve un tube Stephenson, analogue à ceux que l'on voit dans certaines machines locomotives. La vapeur, en se laminant à travers les interstices du tube, se rend, plus sèche, au dôme de vapeur qui surmonte le générateur.

L'enveloppe extérieure de la chaudière, le fourneau peuvent être indifféremment en maçonnerie ou bien métalliques, comme ici. L'enveloppe est formée par deux tôles parallèles, dans l'intervalle desquelles on a bourré l'enduit plastique de M. Pimont. La tuyauterie est également couverte de cette préparation.

Foyer. — Le foyer, comme l'indique la figure 1, a une forme cylindrique; il mesure, avec la chambre de combustion qui le suit, 3m,250 de longueur; son diamètre est de 1m,350.

Il contient deux grilles, placées à la suite l'une de l'autre, ayant la première 1m,35 de largeur et 1m,40 de longueur; la seconde a la même largeur 1m,35 et 0m,90 de longueur.

La seconde grille est supplémentaire; elle ne fonctionne que dans le cas où il y aurait nécessité d'augmenter temporairement la production de vapeur.

L'ensemble des deux grilles présente l'énorme superficie de 3m²; il est impossible de répartir alors convenablement le combustible sur la grille; le chauffeur ne peut être maître de son feu et le diriger à sa guise.

Cette surface de grille a été considérablement réduite par suite de la faible consommation de vapeur des machines du Palais, alimentées par le générateur de MM. Farcot. La superficie actuelle de la grille n'est que de 2m²,16. La consommation journalière est d'environ 600 kilogrammes de houille de Charleroi pour huit heures de chauffage; la quantité de houille brûlée par décimètre carré de grille et par heure n'est que de 350 grammes. On voit donc que le feu est presque mort. La grille est formée de barreaux de 20 millimètres d'épaisseur ; les interstices qui séparent les barreaux ont de 5 à 6 millimètres.

À la suite de l'autel se trouve une grande chambre de combustion mesurant un mètre cube et assurant un mélange convenable des gaz et de l'air à leur sortie du foyer.

Faisceau tubulaire. — Le faisceau tubulaire se compose de 130 tubes de $0^m,064$ de diamètre intérieur, de $0^m,07$ de diamètre extérieur. Ces tubes sont en cuivre laminé. Ils sont rangés en lignes verticales parallèles et assurent ainsi à la vapeur, qui se forme en abondance dans cette partie du générateur, un dégagement facile, ce qui est une importante condition. L'intervalle qui sépare les tubes est de 3 centimètres. Le mode d'emmanchement des tubes dans la plaque tubulaire est celui adopté dans les machines locomotives : c'est une virole d'acier; les tubes sont convenablement matés.

Quand on veut nettoyer le générateur, et particulièrement le foyer, le faisceau tubulaire, on commence par défaire les joints d'arrière et d'avant; on fixe un cinquième galet à la partie inférieure B; il roule sur un rail mobile placé sur le sol en avant de la chaudière, comme l'indique la figure 1. Trois hommes suffisent pour retirer la partie amovible de l'enveloppe de la chaudière. Le nettoyage intérieur des tubes se fait facilement avec une brosse ordinaire; quant à l'extérieur, l'ouvrier se sert d'un outil spécial dont nous donnons le croquis ci-joint (fig. 3, 4).

C'est une lame de scie AB, prise entre deux poignées CD, et assujettie par une rondelle et un écrou. L'ouvrier enlève l'une de ces poignées et engage la lame entre les interstices des tubes, puis il replace la poignée enlevée. La lame vient prendre successivement les positions indiquées 1.2,3.4,5.6, de manière à engendrer un hexagone circonscrit autour de chaque tube. Les dépôts sont enlevés sur toute la surface des tubes; du reste ils sont généralement peu adhérents, par suite de la nature même du métal des tubes.

Deux hommes mettent deux heures pour défaire les joints métalliques; le nettoyage des tubes et du foyer peut se faire facilement en une journée et demie de deux hommes.

La flamme, au sortir des tubes, se rend dans la boîte à fumée à l'arrière de la chaudière, se répand dans l'espace compris entre la chaudière et le réservoir d'eau et de vapeur, puis elle vient lécher la partie inférieure du générateur avant de se rendre à la cheminée. Le générateur exposé par MM. Farcot est de la force de 80 chevaux; sa surface de chauffe est de 120^{m2}, soit $1^{m2},50$ par cheval.

La surface de chauffe se décompose ainsi :

$$
\begin{array}{lr}
\text{Foyer.} \dots & 12^{m2} \\
\text{Faisceau tubulaire} \dots & 81 \\
\text{Chaudière.} \dots & 27 \\
\hline
\text{Surface de chauffe totale} \dots & 120^{m2}
\end{array}
$$

Les principales dimensions du générateur sont dans les rapports suivants :

Surface de chauffe totale . . . . 120^{m2}

Surface de chauffe directe exposée au feu. . . . . $\begin{cases} 5^{m2},36 \\ 8^{m2},81 \end{cases}$

Rapport de la surface de chauffe totale à la surface directe $\begin{cases} 22,38 \\ 13,62 \end{cases}$

Capacité totale . . . . $14^{m3},000$

Volume occupé par l'eau . . . . $10^{m3},000$

Volume occupé par la vapeur . . . . $4^{m3},000$

Surface totale de la grille . . . . $\begin{cases} 1^{m2},89 \\ 3^{m2},105 \end{cases}$

Rapport de la surface de chauffe totale à la surface de la grille $\begin{cases} 63,49 \\ 38,64 \end{cases}$

Surface de chauffe par mètre cube d'eau de la chaudière. $12^{m2},00$

Le prix du générateur de MM. Farcot, tel qu'il est installé, c'est-à-dire avec tous ses accessoires et enveloppe métallique, est de 22,000 fr.

MM. Farcot exposent en même temps une machine locomobile qui commande deux ventilateurs du système de M. Perrigault, pour la ventilation d'une partie du Palais; le générateur de cette machine présente une disposition analogue à la chaudière fixe; nous n'entrerons donc pas dans de nouveaux détails à ce sujet. Nous nous bornerons à remarquer que cette disposition de générateur est très-précieuse pour les machines locomobiles, auxquelles le système tubulaire est presque exclusivement convenable.

La machine actionnant les pompes de M. Thirion pour le réservoir marin, dans l'intérieur du parc réservé, est alimentée de vapeur par une chaudière verticale du système de MM. Girard et Thirion.

Le générateur consiste simplement en deux cylindres verticaux concentriques; le plus petit comprend le foyer, la boîte à feu; le plus grand est l'enveloppe extérieure de la chaudière. L'eau remplit l'intervalle compris entre les deux cylindres, recouvre le ciel du foyer; au-dessous se trouve le réservoir de vapeur. Une série de tubes bouilleurs, placés horizontalement et par séries perpendiculaires les unes aux autres, augmente la surface de chauffe tout en consolidant le générateur.

Le croquis ci-joint donne une idée du type de générateur de MM. Girard et Thirion.

Avant d'examiner les chaudières exposées par les constructeurs Belges et Anglais, nous allons passer rapidement en revue les différents types exposés par les constructeurs Français, et indiquer les tendances les plus générales, soit dans le mode de construction, soit dans l'emploi des matériaux.

Un fait frappe tout d'abord : c'est la faveur dont jouit le type de générateur à foyer intérieur, tubulaire ou non, et l'extension que semble vouloir prendre ce genre de chaudière.

Dans le nord de la France, dans le bassin de la Seine, à Paris surtout, où des considérations toutes particulières peuvent expliquer ce choix, la chaudière tubulaire est généralement adoptée. Dans le bassin de la Loire nous retrouvons également les générateurs à foyer intérieur très-répandus. De nouveaux matériaux fournis par la métallurgie, perfectionnant sans cesse ses procédés de fabrication, des tôles d'acier fondu, d'acier Bessemer de grandes dimensions, permettant de diminuer ainsi le nombre des clouures, tendent à se substituer à la tôle au bois.

Les tubes en fer forgé que l'on trouve aujourd'hui de toutes dimensions dans le commerce, remplacent ici et là les tubes de fonte et de cuivre.

Seule, l'usine de Graffenstaden représente à peu près le type des chaudières répandues généralement dans les départements de l'Est et plus particulièrement en Alsace.

Malgré les critiques plus ou moins justes adressées aux chaudières à bouilleurs et réchauffeurs, aujourd'hui surtout que bien des constructeurs cherchent à les remplacer par divers types de chaudières, nous rappellerons combien les générateurs à bouilleurs et réchauffeurs sont *simples, pratiques, bien appropriés aux besoins de la grande industrie*. Nous doutons qu'en Alsace, dans les conditions économiques où se trouvent placées les usines, les générateurs à bouilleurs trouvent à être remplacés avantageusement par tel ou tel système.

Les grandes et belles expériences entreprises sous les auspices de la Société industrielle de Mulhouse, en 1859, ont du reste tranché la question et indiqué de la manière la plus nette, la plus précise, quelle économie de combustible on peut sérieusement attendre des générateurs tubulaires, et encore de ceux établis dans les meilleures conditions.

Il est aujourd'hui parfaitement acquis que l'avantage d'une bonne chaudière tubulaire sur un générateur à bouilleurs et réchauffeurs convenablement établi, ne dépasse pas 10 à 12 % quant à l'économie dans la consommation du combustible. On voit que ces chiffres diffèrent considérablement de ceux mis en avant par un grand nombre de constructeurs.

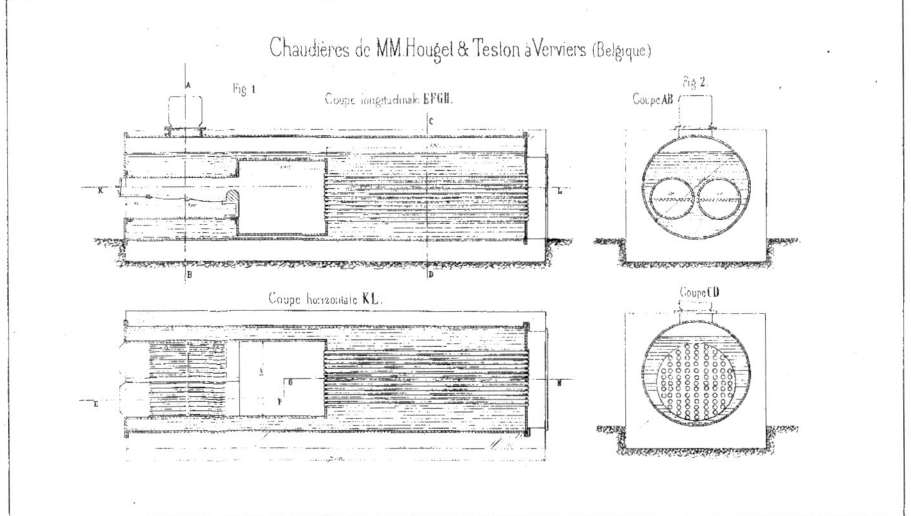

Chaudières de MM. Houget & Teston à Verviers (Belgique)
Fig 1
Coupe longitudinale EFGH.
Fig 2
Coupe AB
Coupe horizontale KL.
Coupe CD

Chaudières Belges.

*Chaudières multitubulaires construites par MM. Petrey-Chaudois,
à Liége, sur les dessins de MM. Houget et Teston, à Verviers.
(Pl. 8, Fig. 1, 2.)*

MM. Houget et Teston, constructeurs à Verviers, exposent deux
chaudières qui alimentent de vapeur toute la section Belge du Palais. Le système de leur générateur est celui de M. Fairbain, assez
répandu en Angleterre.

La chaudière comprend deux parties essentielles :

1o L'enveloppe du corps de la chaudière;

2o Le foyer et le faisceau tubulaire.

L'appareil vaporisateur comprend deux foyers de 0m,60 de diamètre, de 2m,80 de longueur, qui viennent déboucher dans une
boîte de combustion de 1m,40 de diamètre et de 0m,60 de longueur. Le fond de la chambre de combustion est fermé par une
plaque tubulaire dans laquelle viennent s'engager 88 tubes du système Berendorff, que nous aurons l'occasion d'examiner plus loin.

Les tubes viennent aboutir d'autre part dans une boîte à fumée
de 0m,80 de longueur, dont l'un des fonds est une plaque tubulaire; l'autre est fermé par une porte à deux vantaux, qui permet
de nettoyer l'intérieur des tubes.

Les tubes ont 2m,80 de longeur et 0m,10 de diamètre.

Le corps extérieur de la chaudière est un cylindre de 1m,80 de
diamètre, de 7 mètres de longueur. La flamme, au sortir de la
grille, se rend dans la boîte à fumée, traverse le faisceau tubulaire,
puis se rend directement à la cheminée; ordinairement les
constructeurs utilisent le retour de flamme, et les gaz viennent lécher l'extérieur de la chaudière avant de se répandre dans l'atmo-
sphère. Pour plus de simplicité dans les maçonneries, on a adopté
la disposition dont nous parlons; il est inutile d'ajouter qu'elle
n'est pas à imiter.

Les gaz ont encore une température très-élevée dans la boîte à
fumée, à l'arrière de la chaudière, 450 à 500°.

On voit de suite que le nettoyage extérieur du faisceau tubulaire est très-difficile, sinon impossible; cette chaudière présente donc ce grave inconvénient inhérent à plusieurs combinaisons de générateurs tubulaires, et par là même défectueuses.

L'alimentation des chaudières se fait au moyen d'un appareil alimentateur automoteur, que nous aurons à décrire dans la seconde partie de ce travail.

Les générateurs exposés présentent une surface de chauffe de 90^{m²},40, qui se décompose de la manière suivante :

$$\begin{array}{lr}
\text{Foyers} & 10^{m²},40 \\
\text{Chambre de combustion} & 2^{m²},60 \\
\text{Tubes} & 77^{m²},40 \\
\hline
\text{Total} & 90^{m²},40
\end{array}$$

En admettant qu'on eût utilisé le retour de flamme, la surface de chauffe serait de 110^{m²}.

Dans ces conditions les principales dimensions du générateur sont dans les rapports suivants :

Surface totale de chauffe	110^{m2},00
Surface directe exposée au feu	10^{m2},40
Rapport de la surface totale à la surface directe	10, 57
Capacité totale	13^{m3},400
Volume occupé par l'eau	11^{m3},000
Volume occupé par la vapeur	2^{m3},400
Surface totale des grilles	2^{m2},40
Rapport de la surface de chauffe totale à la surface des grilles	45, 83
Surface de chauffe par mètre cube d'eau de la chaudière	10^{m2},700

Les prix des générateurs de MM. Houget et Teston, non compris les frais de douane, sont les suivants :

Générateurs de 30^{m²} de surface de chauffe.		4,500 fr.
45	id.	6,050
75	id.	8,360
90	id.	9,300
120	id.	11,000

Chaudières de MM. W et J. Galloway et Fils à Manchester.

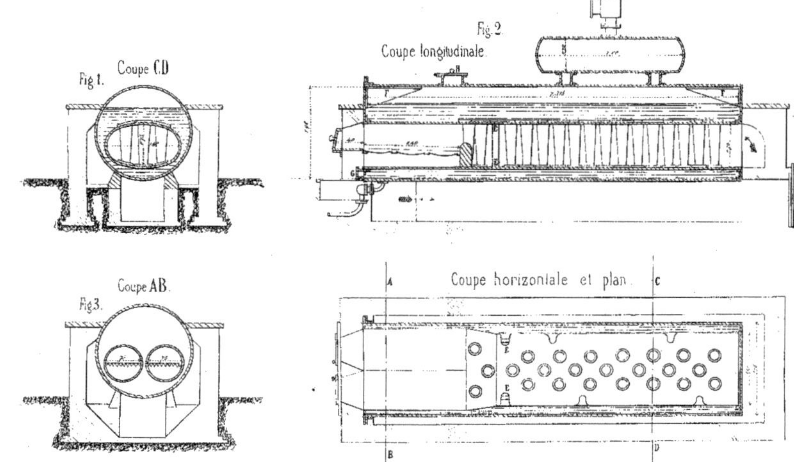

Disposition adoptée pour la réunion des chaudières de MM. Galloway et Fils.

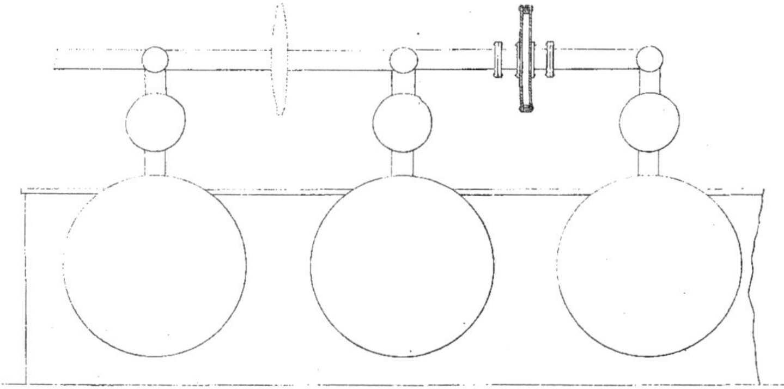

Ces tubes sont soudés et forment l'objet d'une fabrication spéciale, nécessitant un matériel particulier. Ils peuvent se placer dans diverses positions, verticalement, obliquement, comme l'indique la figure. Les collets viennent épouser les contours des parties métalliques auxquelles ils sont rivés ; des tôles de qualité supérieure peuvent seules se plier à de telles exigences.

Enveloppe. — L'enveloppe extérieure de la chaudière est formée par un corps cylindrique de 1m,98 de diamètre (6 pieds 6 pouces anglais) et de 7m,315 de longueur (24 pieds).

Ces deux fonds de la chaudière sont naturellement réunis par le foyer intérieur ; des étriers, des équerres en tôle, rivés au corps extérieur et au fond de la chaudière, achèvent d'en assurer la solidité. Les tôles de l'enveloppe ont une épaisseur de $^3/_8$ pouce anglais, soit 9m/m,52.

Le réservoir de vapeur est formé en partie par l'espace laissé libre par l'eau dans la chaudière et par un petit cylindre de 2m,00 de longueur et 0m,70 de diamètre, réuni par deux boulons au corps du générateur. Ce petit réservoir et les tuyaux de conduite de vapeur sont entièrement recouverts d'une composition dite anti-électrique, brevetée.

Une société, la Compagnie *Spences patent composition, Manchester,* exploite ce brevet.

Le générateur doit évaporer par heure 50 pieds cubes d'eau, soit 1,415 litres.

Récemment les inventeurs ont apporté un changement à la disposition de leur générateur : ce sont les deux poches latérales *E, E,* que l'on voit à la suite de l'autel. Elles ont pour but, en resserrant le passage au sortir des grilles, de provoquer un mélange plus intime des gaz provenant de l'une et de l'autre grille, et particulièrement de brûler la fumée qui se produit après la charge de l'un des foyers. De distance en distance, de petites poches formant chicane ont pour but de répartir uniformément le courant gazeux entre l'enveloppe et le faisceau tubulaire.

En avant de la chaudière, à la partie inférieure, se trouve en *G* un tampon de nettoyage ; en *H* est le trou d'homme qui donne accès dans l'intérieur du générateur.

Les principales dimensions du générateur sont dans les rapports suivants :

Surface de chauffe totale . . . . $66^{m2},22$

Surface de chauffe directe exposée au feu. . . . . . . $6^{m2},36$

Rapport de la surface de chauffe totale à la surface directe . . . . $10, 41$

Capacité totale . . . . $17^{m3},630$

Volume occupé par l'eau . . . . , . . . $14^{m3},000$

Volume occupé par la vapeur . . . . $3^{m3},630$

Surface totale des grilles . . . . $2^{m2},00$

Rapport de la surface de chauffe totale à la surface des grilles. . . . . $33, 11$

Surface de chauffe par mètre cube d'eau de la chaudière . . . . $4^{m2},73$

Les gaz, au sortir des grilles, viennent se réunir dans le carneau central, entourent les tubes, lèchent les parois du foyer intérieur, puis circulent autour de l'enveloppe extérieure avant de se rendre à la cheminée.

Les gaz des trois chaudières viennent se réunir dans un grand carneau, un peu en avant de la chambre de la cheminée où est installé un appareil réchauffeur de MM. Green, de Manchester; nous en parlerons plus loin.

La conduite générale de vapeur, qui relie les trois générateurs, présente une disposition particulière pour éviter les ruptures provenant des dilatations et des contractions successives des tuyaux de vapeur.

La réunion des tuyaux de deux générateurs voisins est faite de la manière suivante: une boîte cylindrique dont les fonds sont formés de deux feuilles de tôle rivées sur un cadre circulaire, présente en son axe deux tubulures terminées par des brides qui viennent se réunir à celles de la conduite générale de vapeur. Si les tubes tendent à s'allonger, la boîte en tôle cède, forme soufflet en quelque sorte; les ruptures sont ainsi évitées.

Le croquis ci-dessous indique la disposition adoptée par les constructeurs au Champ-de-Mars.

MM. Galloway se proposent de vendre, en dehors de l'Angleterre, leurs tubes brevetés aux conditions suivantes, rendus à bord dans un port anglais.

Tubes de moins de 3 pieds anglais (90 cent. environ)

45 schell. pièce . . . . 56 fr. 25

Tubes de 3 pieds à 3 $\frac{1}{2}$ pieds (90 à 105 cent.) 50 schel.   62   50

Les chaudières sont de la force de 46 chevaux ; elles reviennent, en Angleterre, à 5,700 fr. environ.

En résumé, les inventeurs en introduisant leurs tubes dans les foyers intérieurs, ont cherché à éviter les écrasements des foyers dans les chaudières de Cornouailles; ils ont augmenté la surface de chauffe et assuré une excellente circulation de l'eau dans la chaudière. MM. Galloway font remarquer avec beaucoup de raison que ce point important a presque toujours été laissé de côté ou tout au moins qu'on n'y a pas apporté toute l'attention désirable.

La disposition adoptée par les inventeurs a, par contre, suivant nous, de graves inconvénients; en présence du grand nombre de rivures qui sillonnent les différentes parties du générateur, dont elles augmentent la rigidité, il nous semble difficile d'admettre, quelque heureuse influence que puisse avoir une bonne circulation de l'eau dans la chaudière, que les différences considérables de température aux divers points du générateur, et par suite les dilatations inégales, n'entraînent des dislocations ayant pour conséquence l'ovalisation des rivets et des fuites nombreuses et fréquentes.

Le tableau suivant présente les principales dimensions des générateurs exposés :

NOMS DES CONSTRUCTEURS.

DIMENSIONS PRINCIPALES.	FRANCE.							BELGIQUE.	ANGLETERRE
	Usine de Graffenstaden (système de MM. Tenbrinck et Bonnet).	M. Lecherf.	M. Powell.	MM. Meunier et Cie.	M. Chevalier.		MM. Farcot et fils.*	MM. Houget et Teston.	MM. Galloway et Cie
					N° 1.	N° 2.			
Surface de chauffe totale.	54^{m2}00	75^{m2}00	82^{m2}00	98^{m2}90	65^{m2}00	61^{m2}00	120^{m2}	110^{m2}00	66^{m2}22
Surface de chauffe directe exposée au feu	7^{m2}53	8^{m2}00	6^{m2}60	5^{m2}00	4^{m2}80	4^{m2}30	5^{m2}36 / 8,81	10^{m2}40	6^{m2}36
Rapport de la surface de chauffe totale à la surface directe. . .	7,17	9,37	12,42	19,78	13,54	14,18	22.38 / 13,62	10,57	10,41
Capacité totale	13^{m3}000	9^{m3}200	19^{m3}500	8^{m3}500	11^{m3}000	11^{m3}000	14^{m3}000	13^{m3}400	17^{m3}630
Volume occupé par l'eau	10^{m3}00	7^{m3}200	16^{m3}500	6^{m3}200	8^{m3}500	8^{m3}800	10^{m3}000	11^{m3}000	14^{m3}000
Volume occupé par la vapeur . .	3^{m3}000	2^{m3}000	3^{m3}000	2^{m3}300	2^{m3}500	2^{m3}20	4^{m3}000	2^{m3}400	3^{m3}630
Surface totale de la grille	1^{m2}76	2^{m2}08	2^{m2}10	1^{m2}58	1^{m2}54	1^{m2}35	1^{m2}89 / 3,105	2^{m2}40	2^{m2}00
Rapport de la surface de chauffe totale à la surface de la grille.	30,68	36,05	39,04	62,59	42,20	45,18	63,49 / 38,64	45,83	33,11
Surface de chauffe par mètre cube d'eau de la chaudière.	5^{m2}40	10^{m2}41	4^{m2}96	15^{m2}95	7^{m2}64	6^{m2}93	12^{m2}00	10^{m2}00	4^{m2}73

* Les doubles lignes de cette colonne indiquent comment varient les rapports des dimensions principales dans le cas de l'addition de la grille supplémentaire.

MULHOUSE, IMPRIMERIE DE L. L. BADER.

www.ingramcontent.com/pod-product-compliance
Ingram Content Group UK Ltd.
Pitfield, Milton Keynes, MK11 3LW, UK
UKHW020025080726
13614UKWH00004B/1572